DANI
Y SU GUIRNALDA
DE ESTRELLAS
Pili Couso

A mi querida familia,
por tantas navidades bellas
como hemos disfrutado juntos.

Érase una vez una guirnalda muy especial,
pues ¡estaba llenita de estrellas! La tenían en aquel
puestecito del mercado navideño, y resaltaba entre las
demás guirnaldas. A Dani le encantó, y sus papás lo vieron
tan ilusionado con ella que decidieron regalársela.

Aquella tarde de domingo, cuando toda la familia estaba colocando el árbol de navidad en una esquina del salón, muy cerquita del portal de Belén, Dani, que era aún pequeño, pidió a su papá que lo ayudara a poner la guirnalda, ya que quería hacerlo él mismo, **y la entrelazó con mucho cariño por entre las ramas de aquel árbol, pues ya era su guirnalda favorita.** Y allí, colocada en el árbol de Navidad junto a ramitas de acebo, trineos con sus renos, bolas brillantes, copitos de nieve y los demás adornos que lo decoraban, ¡¡¡había quedado preciosa!!!

Cada mañana, Dani, en cuanto se despertaba, iba corriendo desde su cuarto al salón para ver si su guirnalda seguía ahí. Y se alegraba mucho cuando la veía tan brillante, colocada con tanta gracia, y esperándolo cada día y cada noche.

Porque también al llegar a casa, después de las clases, Dani iba su encuentro. Ambos se alegraban un montón al comprobar que seguían juntos, unidos y amándose.

La guirnalda se sentía muy feliz, y esto hacía que tuviera mucha luz. **Irradiaba tanta energía** que captaba la atención de todos, y la miraban sin saber muy bien porque lo hacían

Dani no quería que la Navidad terminara, porque…
¿qué iba a pasar luego con ella?

Como hacían cada año, todas las cosas de navidad
serían metidas en una caja y…, hasta el año que viene.
Y era tanto el Amor que Dani le tenía, que no quería aceptar
la idea de despedirse de esta guirnalda tan querida.
Dani estaba muy triste.
Sabía que pronto dejaría de verla,
y eso no le apetecía absolutamente nada, es más,
no se podía imaginar que pudiera
ser feliz sin su presencia.

Así que tiro de la guirnalda como pudo y se la llevó a su cuarto. La metió en una cajita y la puso debajo de su cama para poder tenerla junto a él, siempre.

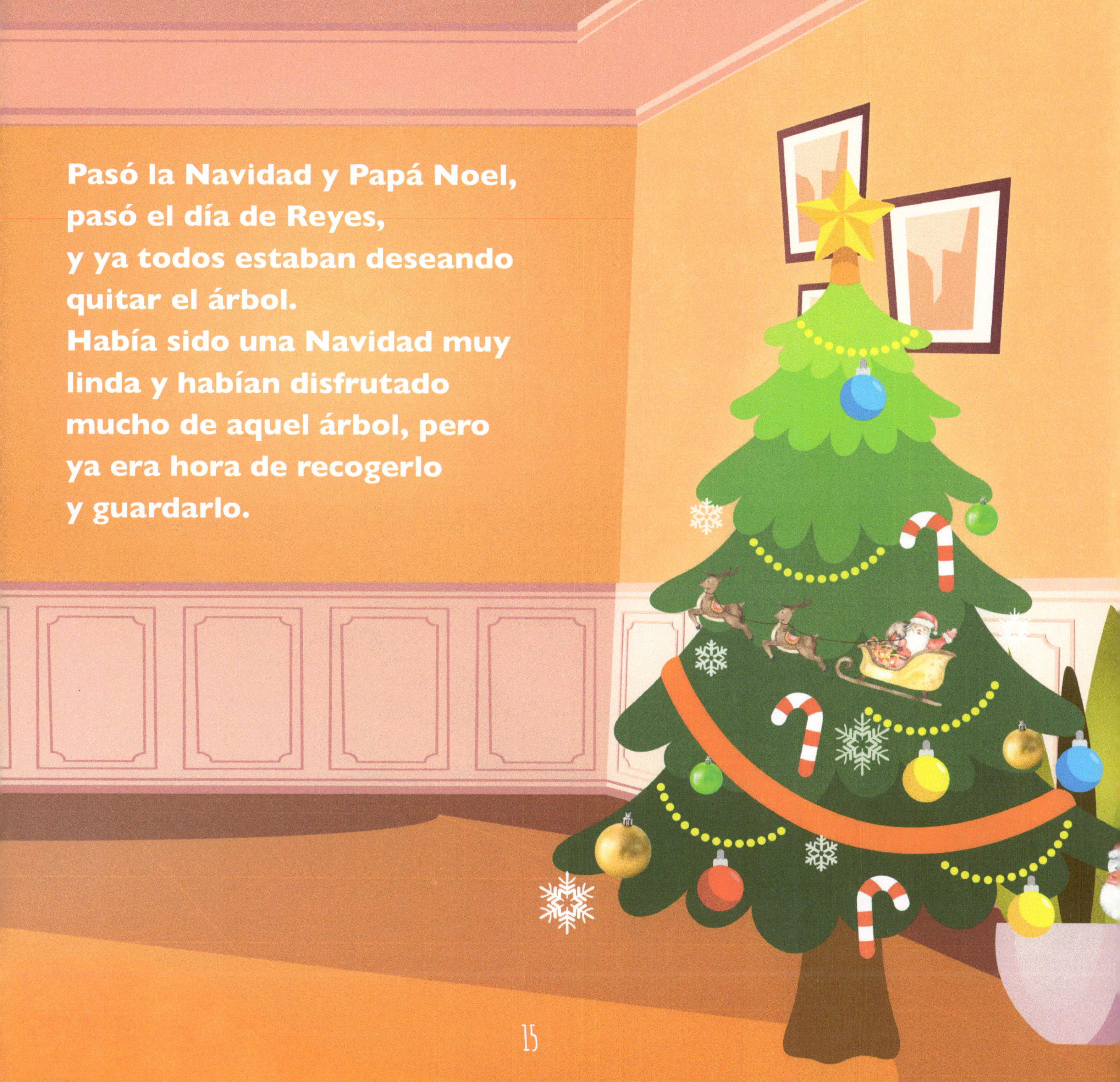

Pasó la Navidad y Papá Noel,
pasó el día de Reyes,
y ya todos estaban deseando
quitar el árbol.
Había sido una Navidad muy
linda y habían disfrutado
mucho de aquel árbol, pero
ya era hora de recogerlo
y guardarlo.

Nadie reparó en aquella falta. Así que quitaron el árbol con todos los demás adornos para guardarlo en el desván. ¡Otra Navidad pasada juntos y felices!

Dani sabía que no estaba bien lo que había hecho, aunque deseaba tanto tenerla con él que eso no le importaba.

Pero le faltó un detalle muy importante, algo que no deberíamos olvidar nunca:

¿qué pensaba ella de quedarse sola, metida en una cajita todo el día, hasta que Dani llegara?

Una tarde, cuando al volver del colegio, Dani abrió la cajita, observó que la guirnalda ya no tenía la misma luz. Se estaba estropeando…, se estaba apagando. Por mucho que él la quisiera, aquella guirnalda no era feliz, y Dani, dándose cuenta de que algo estaba pasando, por fin, le pregunto:

- Guirnalda linda, ¿qué te ocurre? Sabes que te quiero mucho y que he hecho esto por ti y por mí, para que no nos separemos. No entiendo el porqué, pero tengo la sensación de que te encuentras mal.

- Dani, cariño, -le contesto ella-
yo también te amo más que a nada
en este mundo. Pero he nacido para adornar árboles
de Navidad y para ser guardada luego
junto con otras guirnaldas, bolas, adornos
y figuras del belén; no para pasarme el año sola,
en una cajita.
No podré aguantar hasta la próxima navidad.

Si me dejas aquí, me estropearé y ya no podré ser
tu guirnalda favorita. Te lo aseguro, Dani, aunque
sé que me quieres mucho, terminarías tirándome
antes del próximo año, ya que, con este aspecto, no
podría cumplir mi misión, que es adornar árboles
de Navidad y, disfrutando, irradiar luz para todos
durante esos maravillosos días.

Dani, si de veras me amas, has de llevarme con los míos, ellos también me están echando de menos. Y continuar sin mi presencia hasta que la vida, en la próxima navidad, nos vuelva a unir. ¿Vale cariño?

Él, al principio no entendía nada, y se sentía decepcionado y abandonado. Pero no tuvo ningún problema en comprenderla cuando, poniéndose en su lugar, pudo sentir la soledad de la guirnalda.

¡Su querida guirnalda!

La cogió y la abrazó con tanto mimo, que volvió a brillar como antes…, y se despidió de ella. Le dijo "adiós", y, gracias a un taller que había recibido en su colegio sobre las emociones, supo aceptar su tristeza.

También, pudo imaginar una bolita de luz en el centro de su pecho, muy cerquita de su corazón y, poniendo ahí su atención, se quedó sintiendo su respiración.

Esta luz se iba agrandando y, en un ratito, esa tristeza se fue transformando en alegría cuando conectó con la ilusión que había sentido al encontrarla en aquel mercado navideño.

Su guirnalda estaba en su interior, su energía seguía allí, y ambos tenían un maravilloso sentimiento que llenaba de AMOR sus corazones.

Y este año,
Dani recordaba
todo aquello mientras miraba,
entusiasmado,
su querida guirnalda
llenita de estrellas colocada en su nuevo árbol de Navidad.

Y
colorín
colorado........

¡Hola! Me llamo Pili Couso, y escribo cuentos mágicos como este.

Nací en Huelva, España, y soy mamá de Laura y de Nieves. También soy doctora y psicoterapeuta, pero lo que más me gusta es jugar, reír y escribir CUENTOS .

He creado una colección de cuentos para ti, que se llama:

"TE LO DIGO CON UN CUENTO"

para que puedas explorar tu mundo interior, conocer tus emociones y descubrir que… ¡ya tienes dentro de ti una fuerza maravillosa!

Con cada cuento, te harás amigo de un personaje especial que te acompañará en una nueva aventura. En este has conocido a Dani y a su querida guirnalda

¿Quieres seguir la aventura?

¡Vamos! El viaje ya ha comenzado!

Pili Couso

AUDIO

Si quieres recibir este cuento en audio
contado por la autora,
puedes pedirlo, escribiendo al mail:

diariodeunamariposa@hotmail.com

Mami, papi, gracias por acompañar a Dani en este viaje mágico.

Como autora independiente, tus comentarios en Amazon me ayudan a crear historias que nutran el corazón de los niños.

Si "DANI Y SU GUIRNALDA DE ESTRELLAS" tocó el corazón de tu peque, **déjanos una reseña con estrellas** y, si puedes, le añades unas breves palabras. Sólo toma unos minutos, y contribuyes a su expansion, orientando a otros padres que estén buscando para sus hijos libros que, como este, les ayude a conocerse mejor.

Muchas gracias:

Pili Couso

CUENTOS
CON CORAZÓN